Sebastian „Wiese" Feldt
IGEL EINFACH ERKLÄRT
ALLES ÜBER DIE STACHELIGEN GARTENBEWOHNER

AF219460

Sebastian „Wiese" Feldt

IGEL EINFACH ERKLÄRT

ALLES ÜBER DIE STACHELIGEN GARTENBEWOHNER

Bibliografische Information der Deutschen Nationalbibliothek: Die Deutsche Nationalbibliothek verzeichnet diese Publikation in der Deutschen Nationalbibliografie; detaillierte bibliografische Daten sind im Internet über http://dnb.dnb.de abrufbar.

Verlag: BoD · Books on Demand GmbH, In de Tarpen 42,

22848 Norderstedt, bod@bod.de

Druck: Libri Plureos GmbH, Friedensallee 273, 22763 Hamburg

ISBN: 978-3-7557-2592-3

Inhaltsverzeichnis

Vorwort

Liebe Leserinnen, Leser und kleine Entdecker,

stellen Sie sich vor, Sie sind ein Igel. Sie träumen davon, friedlich durch den Garten zu trödeln und sich nach einem langen Tag zufrieden einzurollen. Klingt idyllisch, oder? Doch die Realität ist oft eine andere: Autos, Laubbläser und falsch verstandene Tierliebe machen das Leben unserer stacheligen Freunde zu einem echten Abenteuer – und nicht immer im positiven Sinne.

Dieses Buch ist ein kleiner, aber feiner Versuch, Licht ins Dunkel der Igelwelt zu bringen. Sie werden staunen, wie viel es über diese faszinierenden Tiere zu erfahren gibt. Und mal ehrlich: Gibt es etwas Schöneres, als gemeinsam mit Ihren Kindern einen Igel beim genüsslichen Schnaufen zu beobachten? Vielleicht inspiriert dieses Buch sogar die jüngsten Leser, ein Herz für diese faszinierenden Tiere zu entwickeln.

Also schnappen Sie sich eine Tasse Tee (oder Kakao), machen Sie es sich gemütlich, und tauchen Sie ein in die Welt der Igel. Ich verspreche Ihnen, es wird keine langweilige Reise – und vielleicht werden Sie am Ende sogar ein echter Igel-Fan.

Stachelige Grüße,

Sebastian

1. Info

Igel sind kleine, stachelige Säugetiere, die in Europa, Asien und Afrika leben. Sie sind besonders dafür bekannt, dass sie bei Gefahr zu einer Kugel werden können. In diesem Zustand schützen die spitzen Stacheln ihren weichen Bauch vor Feinden.

Igel sind dämmerungs- und nachtaktive insekten-fressende Winterschläfer. Sie gehören erdgeschichtlich zu den ältesten noch existierenden Säugetierformen. Ihre Vorfahren lebten schon vor etwa 65 Millionen Jahren, ihr jetzigen Aussehen besitzen die Stacheltiere seit circa 15 Millionen Jahren.

In Deutschland lebt der Braunbrust- oder Westigel, sein wissenschaftlicher Name ist *Erinaceus europaeus Linné 1758*. Mit ihrem hervorragenden Geruchssinn finden Igel Nahrung und Artgenossen. Das Gehör ist ebenfalls ausgeprägt, es reicht weit in den Ultraschallbereich hinein. Das Sehvermögen ist dagegen nur mäßig.

Bei Gefahr fauchen, puffen oder tuckern Igel. Selten hört man ein helles Keckern oder ihre lauten Schmerzens- oder Angstschreie, die an das Kreischen einer Eisensäge erinnern.

Ein zusätzliches Sinnesorgan ist das Jacobsonsche Organ. Begegnet einem Igel ein ihm unbekannter Geruch oder Stoff, etwa frische Farbe, beriecht und bekaut er diesen, bis schaumiger Speichel entsteht. Nach der Prüfung des Materials spuckt er den Speichel unter großen Verrenkungen auf seinen Rücken. Diese Eigenart der Igel hat natürlich nichts mit Tollwut zu tun.

2. Lebensraum

Igel sind in Europa, Asien und Afrika beheimatet. Igel sind faszinierende kleine Säugetiere und leben hauptsächlich in Wäldern, Parks, Heckenlandschaften und Gärten. Sie bevorzugen Gebiete, die eine Mischung aus offenen Flächen und dichtem Unterholz bieten, denn hier finden sie ausreichend Nahrung und Schutz.

Lebensraum und Bedürfnisse:

Verstecke: Igel lieben dichte Büsche, Laubhaufen und hohes Gras, in denen sie tagsüber Schutz finden können, denn sie sind nachtaktiv.

Nahrung: Sie ernähren sich hauptsächlich von Insekten wie Käfern, Würmern, Spinnen, die sie im Boden und Laub finden.

Winterquartiere: Im Winter halten Igel Winterschlaf, und dafür brauchen sie einen sicheren, gut isolierten Platz, um sich vor der Kälte zu schützen. Ideal sind Laub- oder Holzstapel, in denen sie sich eingraben können.

Wasserstellen: Zugängliche Wasserstellen sind für Igel lebenswichtig, besonders in heißen Sommermonaten, da sie auf regelmäßigen Zugang zu Wasser angewiesen sind.

Ursprünglich lebten Igel vermutlich in Wäldern mit vielfältigem Bewuchs, der Unterschlüpfe und Nahrungstiere bot. Der Veränderung der Landschaft durch menschliche Eingriffe in die Natur passten sich die Igel an.

3. Igelarten

Weltweit gibt es etwa 17 verschiedene Igelarten, die alle zur Familie der Erinaceidae gehören. Sie leben hauptsächlich in Europa, Asien und Afrika und kommen in unterschiedlichen Lebensräumen vor – von Wäldern und Steppen bis hin zu Wüstenregionen. Einige Igelarten haben sich sogar an städtische Umgebungen angepasst.

Hier sind einige bekannte Igelarten:

- Europäischer Igel (Erinaceus europaeus): Dieser Igel ist in Europa weit verbreitet und auch in Deutschland heimisch. Er lebt in Wäldern, Gärten und Parks.
- Nördlicher Weißbrustigel (Erinaceus roumanicus): Vorkommen in Mittel- und Osteuropa.
- Algerischer Igel (Atelerix algirus): Diese Art lebt hauptsächlich in Nordafrika, kommt aber auch auf den Kanarischen Inseln und in Südspanien vor. Er ist kleiner und hat weniger Stacheln als der Europäische Igel.
- Langohrigel (Hemiechinus auritus): Diese Art hat auffällig große Ohren und ist in Wüsten und Halbwüsten Zentralasiens und Nordafrikas heimisch. Der Langohrigel kann gut mit heißen, trockenen Bedingungen umgehen.
- Indischer Igel (Paraechinus micropus): Der indische Igel lebt vor allem in Indien und Pakistan und bevorzugt trockene, buschige Regionen.
- Wüstenigel (Paraechinus aethiopicus): Diese Art ist in den Wüstenregionen Nordafrikas und des Nahen Ostens zu finden und kann besonders gut ohne viel Wasser auskommen.

Jede Igelart hat sich an ihren spezifischen Lebensraum angepasst und verfügt über einzigartige Eigenschaften, die ihnen helfen, in ihrer Umgebung zu überleben.

4. Körpermerkmal

Körpermerkmale

Der Europäische Igel (Erinaceus europaeus) hat einige markante Körpermerkmale, die ihn gut an seinen Lebensraum und seine Lebensweise anpassen:

Körpermerkmale eines Europäischer Igel

Stacheln: Erwachsene Igel haben rund 5.000 bis 7.000 kurze, harte Stacheln, die etwa 2–3 cm lang sind. Diese Stacheln sind braun mit helleren Spitzen und dienen als Schutz vor Fressfeinden. Bei Gefahr rollt sich der Igel zu einer Kugel zusammen und richtet die Stacheln auf.

Körpergröße und Gewicht: Europäische Igel sind etwa 20–30 cm lang und wiegen normalerweise zwischen 500 und 1.200 Gramm. Vor dem Winterschlaf können sie aber auch über 1.500 Gramm wiegen.

Dank dieser Körpermerkmale ist der Europäische Igel bestens an ein Leben als nachtaktiver Insektenfresser angepasst.

Gesicht und Schnauze: Sie haben eine Spitze, bewegliche Schnauze, die ihnen hilft, Insekten und andere Beutetiere im Boden zu erschnüffeln. Ihre Schnauze und die Schnurrhaare sind sehr empfindlich und helfen ihnen, ihre Umgebung auch im Dunkeln gut wahrzunehmen.

Augen und Ohren: Igel haben relativ kleine Augen und ein gutes Gehör. Auch wenn sie eher schlecht sehen, nehmen sie Bewegungen gut wahr und verlassen sich stärker auf Geruch und Gehör.

Beine und Füße: Der Europäische Igel hat kurze, kräftige Beine mit fünf Zehen an den Vorder- und Hinterpfoten. Die Krallen sind gut geeignet, um in der Erde zu graben und Nahrung zu suchen.

Fell und Haut: Unter den Stacheln hat der Igel weiches Fell, meist grau-braun gefärbt. Die Haut ist an Bauch und Gesicht heller, oft weißlich bis hellbraun.

Auf den ersten Blick sehen männliche und weibliche Igel nahezu identisch aus. Die Unterschiede liegen vor allem in der Anatomie: Die Genitalöffnung des Männchens befindet sich in der Mitte des Bauches, etwa auf halber Strecke zwischen den Hinterbeinen und der Körpermitte. Beim Weibchen liegt die Genitalöffnung direkt am After, wodurch sie leichter zu unterscheiden ist.

Auch ihr Verhalten kann variieren. In der Paarungszeit sind Männchen oft aktiver und legen größere Strecken zurück, um ein Weibchen zu finden. Weibchen hingegen bleiben während der Jungenaufzucht in der Nähe ihres Nests.

Diese feinen Unterschiede können helfen, die faszinierenden Stacheltiere besser zu beobachten und zu verstehen.

5. Nahrung

Ernährung

Der Europäische Igel ist ein Insektenfresser, hat jedoch eine recht vielfältige Ernährung und gilt als Allesfresser. Hier sind die Hauptbestandteile seiner Nahrung:

Ernährung eines Europäischen Igels

- Insekten: Käfer und ihre Larven machen einen großen Teil der Nahrung des Igels aus. Besonders häufig frisst er Laufkäfer und andere bodenlebende Insekten.
- Spinnen und Hundertfüßer: Auch Spinnen und andere kleine Gliederfüßer sind eine Nahrungsquelle, die Igel gerne fressen.
- Kleinsäuger und Amphibien: Gelegentlich frisst der Igel auch Aas, kleine Mäuse, Frösche oder Vögel, vor allem, wenn das Angebot an Insekten und Würmern knapp ist.

Nur bedingt: Regenwürmer sind ebenfalls eine Nahrungsquelle.

Nur bedingt: Schnecken und Asseln.

Er frisst aber kein Obst oder Gemüse, sie sind reine Fleischfresser.

Ein Igel benötigt im Durchschnitt etwa 70–100 Gramm Nahrung pro Nacht, was ihm die nötige Energie für seine nächtlichen Streifzüge liefert.

Nachtrag Schnecken Regenwürmer

Schnecken und Parasiten

Lungenwürmer: Schnecken sind oft Zwischenwirte für Lungenwürmer (Crenosoma striatum und Capillaria aerophila), die Igel infizieren können, wenn sie befallene Schnecken fressen. Lungenwürmer befallen die Atemwege und können Atembeschwerden verursachen. Symptome sind Husten, Niesen und Atemnot.

Leberegel: Schnecken können auch Zwischenwirte für Leberegel sein, die die Leber und das Verdauungssystem des Igels schädigen. Eine Infektion mit Leberegeln führt zu Verdauungsproblemen, Müdigkeit und einem schlechten Allgemeinzustand.

Regenwürmer und Parasiten

Lungen- und Darmparasiten: Auch Regenwürmer können als Überträger von Lungenwürmern und Darmparasiten wie Fadenwürmern (Nematoden) fungieren. Diese Parasiten siedeln sich in der Lunge oder im Darm an und beeinträchtigen das Wohlbefinden des Igels.

Bakterielle Infektionen: Wenn Regenwürmer mit Bakterien belastet sind, kann der Igel durch den Verzehr ebenfalls krank werden. Besonders junge oder geschwächte Igel sind anfällig für bakterielle Infektionen, die zu Durchfall, Schwäche und einem schlechten Allgemeinzustand führen.

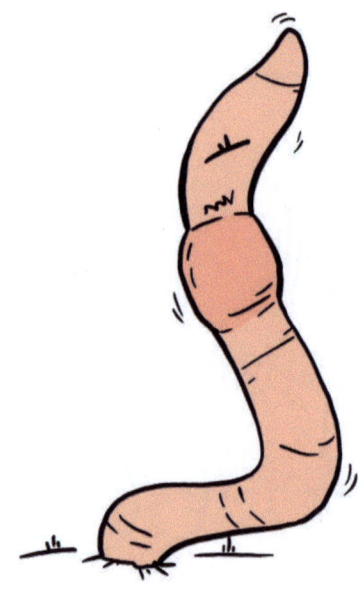

Schlangen

Igel sind erstaunlich gut gegen Schlangenbisse geschützt. Ihre robuste Haut und das darunterliegende Fettgewebe bieten einen natürlichen Schutz gegen Schlangengift. Das bedeutet allerdings nicht, dass sie völlig immun sind – ein Biss kann für sie trotzdem gefährlich sein.

Trotzdem scheuen Igel nicht davor zurück, sich mit Schlangen anzulegen, besonders wenn sie hungrig sind. Kleinere oder gleich große Schlangen können zur Beute werden. Mit ihren scharfen Zähnen und ihrem mutigen Verhalten überwältigen sie die Schlange, rollen sich bei Bedarf ein, um Angriffe abzuwehren, und greifen dann selbst an.

Für Schlangen bedeutet die Anwesenheit eines Igels oft Gefahr. Igel gehören damit zu den wenigen Tieren, die sich erfolgreich gegen diese Räuber behaupten können.

Anzeichen von Erkrankungen bei infizierten Igeln

Ein Igel, der an einer Parasiten- oder bakteriellen Infektion leidet, zeigt oft Symptome wie:

- Husten, Niesen oder Atembeschwerden (Lungenwurmbefall)
- Appetitlosigkeit und Gewichtsverlust
- Schwäche, Lethargie und Anzeichen von Müdigkeit
- Verdauungsprobleme und Durchfall

6. Das Verhalten des Igels

Verhalten

Der Europäische Igel hat ein faszinierendes Verhalten, das ihn besonders an ein Leben in der Dämmerung und Nacht anpasst. Hier sind einige seiner typischen Verhaltensweisen:

Nachtaktivität

- Igel sind überwiegend nachtaktiv und gehen erst in der Dämmerung auf Nahrungssuche. Sie verlassen tagsüber nur selten ihr Versteck und verbringen diese Zeit im Schlaf, gut geschützt in Laub- oder Holzstapeln.
- Nachts legen sie oft mehrere Kilometer zurück, um Futter zu finden.

Nahrungssuche und Erkundungsverhalten

- Igel haben einen ausgeprägten Geruchs- und Gehörsinn, mit dem sie ihre Beute – vor allem Insekten und kleine Wirbellose – aufspüren. Sie durchwühlen Laub und Erde mit ihrer spitzen Schnauze und können lange Strecken auf der Suche nach Futter zurücklegen.
- Sie bewegen sich langsam und untersuchen ihre Umgebung sehr gründlich, nehmen dabei Geräusche und Gerüche wahr.

Verteidigungsverhalten

- Bei Gefahr rollt sich der Igel instinktiv zu einer Kugel zusammen, indem er seine Rückenmuskulatur anspannt. So richtet er seine Stacheln auf und schützt seinen Bauch und Kopf.
- Das Zusammenrollen ist eine effektive Verteidigungsstrategie gegen Fressfeinde wie Füchse oder Greifvögel, die sich an den Stacheln verletzen könnten.

Soziales Verhalten

- Igel sind Einzelgänger und treffen nur in der Paarungszeit auf Artgenossen. Sie bevorzugen es, allein zu leben und haben territoriale Ansprüche, die sie verteidigen, wenn ein anderer Igel eindringt.
- Wenn sich Igel begegnen, kommt es gelegentlich zu Schnüffeln, Fauchen oder sogar zu Kämpfen – vor allem bei Männchen, die um Weibchen konkurrieren.

Kommunikation

- Igel kommunizieren über Geräusche wie Schnauben, Fauchen und gelegentliches Quieken, insbesondere in der Paarungszeit oder bei Bedrohung.
- Durch ihre Körperhaltung und das Stachelaufstellen können sie auch optische Signale an andere Igel senden.

Diese Verhaltensweisen machen den Europäischen Igel zu einem anpassungsfähigen und gleichzeitig sehr eigenständigen Tier, das gut mit den Herausforderungen seiner Umgebung umgehen kann.

7. Albinos

Albino-Igel zeichnen sich durch einen genetisch bedingten Pigmentmangel aus, der sich deutlich auf ihr Erscheinungsbild auswirkt. Dieser Mangel führt zu einem hellen Stachelkleid, einer blassen Haut und auffällig roten Augen. Die roten Augen entstehen durch das Durchscheinen der Blutgefäße, da die Iris keine Farbpigmente enthält. Obwohl ihre ungewöhnliche Färbung auf den ersten Blick vermuten lässt, dass sie leichter von Feinden entdeckt werden könnten, ist dies in der Natur nicht zwingend der Fall. Oft sind Albino-Igel durch Schmutz, Staub oder Erde getarnt, sodass sie sich ähnlich gut in ihre Umgebung einfügen wie ihre normal gefärbten Artgenossen.

Ein häufiges Merkmal von Albinos ist eine erhöhte Lichtempfindlichkeit. Bei nachtaktiven Tieren wie Igeln hat diese jedoch nur geringe Auswirkungen, da sie ihre Aktivitäten hauptsächlich in der Dunkelheit ausüben und helles Tageslicht ohnehin meiden.

Wissenschaftliche Untersuchungen legen nahe, dass Albino-Igel keine erhöhte Anfälligkeit für Krankheiten oder Immunschwächen aufweisen. Ihre seltene Färbung ist also kein Hinweis auf eine geschwächte Gesundheit, sondern lediglich das Ergebnis einer genetischen Mutation. Albinismus ist eine rezessive Erbanlage, die nur dann auftritt, wenn beide Elterntiere das entsprechende Gen tragen und vererben.

In der Natur ist Albinismus eine extrem seltene Erscheinung. Schätzungen zufolge ist nur etwa einer von 1000 Igeln ein Albino. Diese geringe Häufigkeit erklärt, warum Albino-Igel in freier Wildbahn nur selten gesichtet werden. Wenn jedoch ein solcher Igel entdeckt wird, sorgt er häufig für großes Interesse – sei es in der wissenschaftlichen Gemeinschaft, bei Naturbeobachtern oder in der breiten Öffentlichkeit.

8. Fortpflanzung des Igels

Die Fortpflanzung des Europäischen Igels folgt einem jährlichen Zyklus und umfasst einige interessante Verhaltensweisen:

Paarungszeit

Die Paarungszeit der Europäischen Igel beginnt typischerweise im späten Frühling und dauert von Mai bis August. Nach dem Winterschlaf müssen sich die Igel erst erholen und an Gewicht zulegen, bevor die Fortpflanzung beginnt.

Paarungsverhalten

Während der Paarungszeit nähern sich die Männchen den Weibchen und führen ein „Balztanz" genanntes Ritual durch. Dabei umrundet das Männchen das Weibchen oft stundenlang und gibt schnaubende und fauchende Laute von sich, um das Weibchen anzulocken und zu beeindrucken.

Das Weibchen ist zunächst oft abwehrend und zeigt sich distanziert. Wenn es zur Paarung bereit ist, legt es seine Stacheln flach an, um das Männchen zu schützen.

Befruchtung und Trächtigkeit

Nach der Paarung dauert die Trächtigkeit des Weibchens etwa 4 bis 6 Wochen (im Durchschnitt 35 Tage).

Das Weibchen bereitet ein Nest aus Blättern und Gras vor, das gut isoliert und versteckt ist, um die Jungtiere vor Fressfeinden und Witterungseinflüssen zu schützen.

Geburt und Aufzucht der Jungtiere

Pro Wurf bringt das Weibchen in der Regel 4 bis 7 Junge zur Welt. Die Igelbabys sind bei der Geburt blind und haben weiche, weiße Stacheln, die innerhalb weniger Stunden härter werden.

Die Jungen werden zunächst vom Muttertier gesäugt und bleiben etwa 4 bis 6 Wochen bei der Mutter, bis sie selbstständig genug sind, um Nahrung zu suchen.

Nach etwa zwei Wochen öffnen die Jungen ihre Augen und entwickeln braune Stacheln. In dieser Zeit beginnt das Muttertier, die Kleinen auf erste Ausflüge mitzunehmen und sie an die Nahrungssuche heranzuführen.

Igel können unter optimalen Bedingungen etwa 3 bis 7 Jahre alt werden, aber nur ein kleiner Teil erreicht dieses Alter, da sie vielen Gefahren durch Straßenverkehr, Fressfeinde und Nahrungsmangel ausgesetzt sind.

9. Aufzucht

Aufzucht von Jungigeln

Die Aufzucht von Jungigeln ist eine intensive Phase, in der das Muttertier allein für die Pflege und das Überleben der Jungen sorgt. Hier sind die wichtigsten Details dazu:

Geburt und erste Tage

Die Igelbabys kommen blind und hilflos zur Welt und wiegen nur etwa 10 bis 25 Gramm. Sie haben zunächst weiche, weiße Stacheln, die bald durch die typischen braunen Stacheln ersetzt werden.

In den ersten Tagen sind die Jungen vollständig auf die Mutter angewiesen, die sie wärmt und versorgt.

Säugezeit und Pflege

Die Mutter säugt die Jungen etwa 4 bis 6 Wochen lang. Ihre Milch ist sehr nahrhaft und enthält alle wichtigen Nährstoffe, die die Jungtiere für ihr Wachstum benötigen.

Während dieser Zeit verlässt das Muttertier das Nest nur, um selbst Nahrung zu suchen, kehrt aber regelmäßig zurück, um die Jungen zu säugen und zu wärmen.

Entwicklung und erste Ausflüge

Nach etwa zwei Wochen öffnen die Jungigel ihre Augen und beginnen, ihre Umgebung wahrzunehmen. Sie entwickeln nun auch die braunen, harten Stacheln, die als Schutz dienen.

Ab der dritten oder vierten Woche werden die Jungtiere aktiver und wagen erste, kurze Ausflüge mit der Mutter außerhalb des Nests. Dabei lernen sie, ihre Umgebung zu erkunden und Nahrung wie Insekten und kleine Wirbellose zu finden.

Lernphase

Die Mutter zeigt den Jungen, wie sie ihre Nahrung aufspüren und sich vor Gefahren schützen können. Diese Phase ist entscheidend, damit die Jungigel lernen, selbstständig Nahrung zu finden und sich zu verteidigen.

Sie lernen außerdem das Zusammenrollen als Schutzstrategie, um sich vor Fressfeinden zu schützen.

Selbstständigkeit und Verlassen des Nests

Nach etwa 6 bis 8 Wochen sind die jungen Igel selbstständig genug, um ohne die Mutter auszukommen. Zu diesem Zeitpunkt verlassen sie das Nest und suchen eigene Reviere.

Junge Igel müssen vor dem Winter genügend Fettreserven aufbauen, um den Winterschlaf zu überstehen. Wenn die Jungtiere im Spätsommer oder Frühherbst geboren wurden, besteht das Risiko, dass sie vor dem Winter nicht genug Gewicht zulegen können. In solchen Fällen sind sie auf Hilfe angewiesen, zum Beispiel durch Fütterung oder Pflege in einer Igelstation.

Herausforderungen und Überlebensrate

Jungigel sind sehr anfällig für Gefahren wie Nahrungsmangel, Straßenverkehr und Fressfeinde (z. B. Füchse und Greifvögel). Schätzungen zufolge überlebt nur etwa die Hälfte der Jungtiere das erste Jahr.

Durch die intensive Aufzucht und den Schutz, den die Mutter bietet, haben die Jungen jedoch die bestmögliche Chance, zu überleben und das eigenständige Leben zu beginnen.

Die Aufzucht der Jungigel ist somit eine kritische Phase, die das Überleben der Art sichert und den Jungen wichtige Verhaltensweisen für das Leben im Freien vermittelt.

10. Winterschlaf

Winterschlaf

Der Winterschlaf ist für den Europäischen Igel eine lebenswichtige Anpassung, um die kalten Monate mit Nahrungsmangel zu überstehen. Hier sind die wichtigsten Aspekte des Winterschlafs:

Vorbereitung auf den Winterschlaf

Der Igel beginnt bereits im Spätsommer und Herbst, sich eine Fettreserve anzufressen. Er benötigt diese Energie, um die Wintermonate zu überstehen, da er während des Winterschlafs weder frisst noch trinkt.

Ein erwachsener Igel sollte vor dem Winter mindestens 600–700 Gramm wiegen, Jungigel sogar noch etwas mehr, um den Winterschlaf sicher zu überstehen.

Schlafplatz und Nestbau

Igel suchen sich einen gut geschützten Platz für den Winterschlaf, oft in Laubhaufen, unter Holzstapeln oder in speziell angelegten Igelhäusern.

Sie bauen ein Nest aus trockenen Blättern, Gras und Moos, das sie fest zusammenpressen, um sich vor Kälte und Feuchtigkeit zu schützen.

Beginn und Dauer des Winterschlafs

Der Winterschlaf beginnt in der Regel zwischen Oktober und November und dauert bis März oder April. Der genaue Zeitpunkt hängt von den Temperaturen und dem individuellen Gesundheitszustand des Igels ab.

Bei mildem Wetter kann es vorkommen, dass der Igel seinen Winterschlaf unterbricht und aktiv wird, um kurzzeitig nach Nahrung zu suchen.

Körperliche Veränderungen im Winterschlaf

Während des Winterschlafs senkt der Igel seine Körpertemperatur auf etwa 5 °C, um Energie zu sparen (normalerweise liegt sie bei etwa 35 °C).

Der Herzschlag verlangsamt sich drastisch von etwa 180 Schlägen pro Minute auf nur noch 20. Auch die Atmung reduziert sich deutlich.

Durch diese Reduzierung aller Lebensfunktionen kann der Igel mehrere Monate ohne Nahrung überleben, indem er seine Fettreserven nutzt.

Risiken im Winterschlaf

Ein unzureichendes Gewicht kann dazu führen, dass der Igel nicht genug Energie hat, um den Winter zu überstehen.

Milder Winter und häufige Unterbrechungen des Winterschlafs sind ebenfalls riskant, da der Igel dabei viel Energie verbraucht, die er dann nicht ersetzen kann.

Auch eine Störung des Nests durch Gartenarbeiten oder Fressfeinde kann den Igel gefährden.

Aufwachen im Frühling

Im Frühjahr, wenn die Temperaturen steigen und die Tage länger werden, beendet der Igel den Winterschlaf. Er hat dann oft stark an Gewicht verloren und muss schnell Nahrung finden, um seine Energie wieder aufzufüllen.

Die ersten Wochen nach dem Winterschlaf sind besonders herausfordernd, da das Nahrungsangebot noch begrenzt ist und die Igel geschwächt sind.

Der Winterschlaf ist eine beeindruckende Überlebensstrategie, die dem Igel hilft, schwierige Winterbedingungen zu überstehen. Ein igelfreundlicher Garten mit Laubhaufen und Rückzugsmöglichkeiten kann ihnen dabei entscheidend helfen.

11. Feinde und Gefahren

Der Europäische Igel hat verschiedene natürliche Feinde und Gefahren-
quellen, die sein Überleben bedrohen. Hier sind die wichtigsten:

Natürliche Fressfeinde

Greifvögel, wie etwa Eulen, können Igel angreifen. Eulen haben oft genug Kraft, um die Stacheln zu überwinden.

Füchse sind ebenfalls natürliche Feinde. Sie versuchen, Igel zu rollen oder mit den Pfoten zu öffnen, um an den ungeschützten Bauch zu gelangen.

Dachse sind eine der wenigen Arten, die in der Lage sind, die Stacheln eines Igels zu durchdringen, und sie können auch den zusammengerollten Igel knacken, um an das weiche Fleisch zu gelangen.

Jungigel und kleinere Feinde

Für junge Igel können Ratten und größere Raubtiere, wie etwa Marder, eine Gefahr darstellen. Besonders Jungtiere sind verletzlich und haben weiche Stacheln, die nicht genügend Schutz bieten.

Jungigel und geschwächte Tiere werden gelegentlich auch von Krähen oder anderen Aasfressern angegriffen.

Parasiten und Krankheiten

Flöhe, Zecken und Lungenwürmer sind häufige Parasiten, die Igel befallen und schwächen können.

Krankheiten wie das Igel-Schnupfen-Syndrom und andere Infektionen schwächen die Tiere und machen sie anfälliger für Fressfeinde und weitere Gefahren.

Vom Menschen verursachte Gefahren

Eine der größten Gefahren für Igel ist der Straßenverkehr. Igel sind oft nachts unterwegs und können langsame Straßenüberquerer sein, was sie sehr anfällig für Kollisionen macht.

Geräte wie Rasenmäher, Motorsensen und Laubbläser stellen ebenfalls ein Risiko dar, da Igel sich oft in Laub- oder Grasbüscheln verstecken. Bei Herbst- und Gartenarbeiten können Igel unabsichtlich verletzt oder getötet werden.

Der Einsatz von Chemikalien und Pestiziden kann Igel direkt oder indirekt gefährden, indem er ihr Nahrungsangebot reduziert oder sie selbst vergiftet.

Mehr als 500 000 Igel werden pro Jahr in Deutschland überfahren, unzählige verwaiste Säuglinge kommen qualvoll um. Agrarwüsten und Monokulturen bieten keine Nahrung und keinen Unterschlupf, noch vorhandene natürliche Lebensräume sind oft nicht miteinander vernetzt.

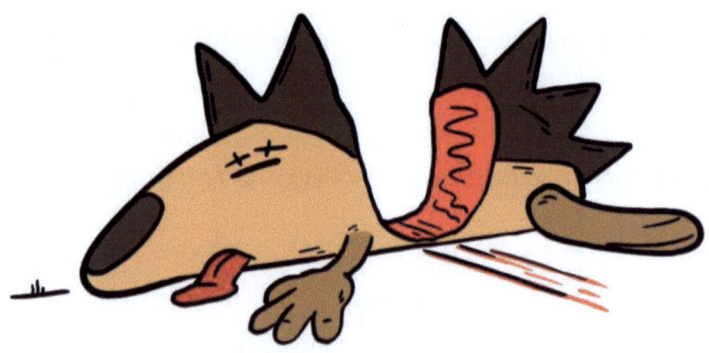

Hunde und Katzen

Hunde sind oft neugierig und versuchen, Igel zu untersuchen oder mit ihnen zu spielen, was zu Verletzungen führen kann. Einige Hunde versuchen auch, Igel zu beißen, was für den Igel gefährlich ist.

Katzen greifen Igel selten direkt an, aber sie können für kleine oder junge Igel eine Bedrohung darstellen.

Zusammenfassend lässt sich sagen, dass Igel vielen Gefahren ausgesetzt sind, von natürlichen Fressfeinden bis hin zu menschengemachten Bedrohungen. Ein igelfreundlicher Garten und ein vorsichtiger Umgang mit Laub- und Gartenarbeiten können helfen, den Lebensraum der Igel sicherer zu gestalten.

12. Ein Igel im Garten

Igelfreundlicher Garten

Einen Garten igelfreundlich zu gestalten ist eine wunderbare Möglichkeit, den Igeln in unserer Umgebung zu helfen und ihnen einen sicheren Lebensraum zu bieten. Hier sind einige Tipps, wie man einen Garten igelgerecht gestalten kann:

Zugang zum Garten schaffen

Igel haben große Reviere und wandern viel umher. Schaffen Sie kleine Durchgänge oder Lücken im Gartenzaun (ca. 12 x 12 cm), damit die Igel leicht hinein- und herauskommen können.

Naturnahe Gartenbereiche anlegen

Ein wilder Bereich mit Laubhaufen, Reisig und Ästen bietet Igeln Schutz und Nistmöglichkeiten.

Auch Hecken, Sträucher und Gebüsch bieten Deckung und sind ideale Verstecke für Igel, besonders in der Nähe von Nahrung wie Insekten und Schnecken.

Laub- und Reisighaufen für den Winterschlaf

Laubhaufen sind für Igel wichtig, vor allem für den Winterschlaf. Ein Laubhaufen in einer ruhigen Gartenecke schützt vor Kälte und Fressfeinden und ist eine natürliche Schlafstätte.

Alternativ kann man spezielle Igelhäuser anbieten, die im Handel erhältlich sind oder selbst gebaut werden können. Diese sollten an einem ruhigen, geschützten Ort stehen.

Giftfreie Gartengestaltung

Verzichten Sie auf Pestizide, Schneckenkorn und Insektizide, da sie Igel direkt oder indirekt (durch vergiftete Nahrung) schädigen können. Eine organische Gartenpflege, die auf natürliche Dünger wie Kompost und Mulch setzt, fördert das ökologische Gleichgewicht und sorgt für gesunde Bodenverhältnisse. Dadurch bleibt das Angebot an natürlicher Nahrung wie Insekten, Würmern und Schnecken erhalten.

Ein giftfreier und organisch gepflegter Garten bietet nicht nur Igeln, sondern auch anderen Tieren wie Vögeln und nützlichen Insekten einen sicheren und lebensfreundlichen Raum. So wird der Garten zu einem kleinen Naturparadies.

Wasserstellen anbieten

Flache Wasserschalen helfen Igeln, besonders in heißen Sommermonaten. Die Schalen sollten flach und leicht zugänglich sein, damit Igel problemlos trinken können.

Wasserstellen sind sicherer, wenn sie flach sind, da tiefe Gefäße eine Gefahr darstellen könnten.

Futterplätze einrichten

Wenn Sie regelmäßig Igel im Garten haben, können Sie sie mit speziellem Igelfutter oder Katzenfutter (kein Fisch) unterstützen, vor allem in trockenen oder kalten Monaten. Bieten Sie kein Brot oder Milch an, da dies zu Verdauungsproblemen führen kann.

Vorsicht bei Gartenarbeiten

Igel verstecken sich gerne in Laubhaufen oder unter Hecken, daher ist es wichtig, beim Mähen, Harken und Umgraben vorsichtig zu sein. Besonders Motorsensen und Rasenmäher sind eine Gefahr für versteckte Igel.

Vor dem Arbeiten in Laubhaufen oder unter Sträuchern mit der Hand vorsichtig nachsehen, ob ein Igel darunter ruht.

Schutz vor Gefahren

Teiche sollten mit flachen Rändern oder Ausstiegen versehen sein, damit Igel herausklettern können, falls sie ins Wasser fallen.

Kellerschächte und andere Vertiefungen sollten abgedeckt werden, um zu verhindern, dass Igel hineinfallen und steckenbleiben.

Beobachtungsmöglichkeiten schaffen

Ein igelfreundlicher Garten zieht häufig Igel an, die auch tagsüber an ihren Nestplätzen gut beobachtet werden können. Stellen Sie sicher, dass die Igel sich sicher fühlen und nicht gestört werden.

Mit diesen Maßnahmen schaffen Sie eine wertvolle Rückzugsfläche für Igel und unterstützen sie in ihrem natürlichen Lebensraum.

13. Das geheimnisvolle Schaumbad

Dieses Verhalten, „Selbstbespeichelung" oder auf Englisch „self-anointing" genannt, ist eines der großen Rätsel der Natur. Warum machen Igel das? Einige Wissenschaftler vermuten, dass sie damit Giftstoffe aus Pflanzen oder anderen Geruchsquellen auf ihrem Körper verteilen, um Fressfeinde abzuschrecken. Andere glauben, dass sie dadurch ihren eigenen Geruch überdecken, eine Art Tarnung im Duft-Dschungel.

14. Hilfe für den Igel

Wenn man einen verletzten, kranken oder schwachen Igel findet, kann schnelle Erste Hilfe entscheidend sein. Hier sind die Schritte, die helfen können:

Einschätzung des Zustands

Größe und Gewicht: Gesunde erwachsene Igel wiegen im Herbst mindestens 500–600 Gramm. Schwache Jungigel, die im Spätherbst weniger als 300–400 Gramm wiegen, brauchen oft Hilfe, um den Winter zu überleben.

Verhalten: Ein Igel, der tagsüber aktiv ist, desorientiert wirkt, hustet oder eine wunde Haut hat, braucht oft Hilfe, da dies ungewöhnliches Verhalten für nachtaktive Tiere ist.

Verletzungen: Offene Wunden, Blutungen oder eine auffällige Atmung erfordern sofortige Hilfe.

Sicheres Aufnehmen des Igels

Tragen Sie den Igel mit dicken Handschuhen oder mithilfe eines Handtuchs, um sich vor den Stacheln zu schützen und den Igel vorsichtig zu halten.

Igel sind empfindlich, daher vorsichtig und ruhig agieren, um Stress zu vermeiden.

Wärme spenden

Ein kranker oder schwacher Igel kann seine Körpertemperatur oft nicht selbst regulieren. Legen Sie ihn in eine Kiste mit Handtüchern und einer Wärmflasche, die nur handwarm ist, oder nutzen Sie eine beheizte Decke.

Wichtig ist, die Wärmequelle unter ein Handtuch zu legen, damit der Igel nicht direkt darauf liegt und sich nicht verbrennen kann.

Flüssigkeit anbieten

Geben Sie dem Igel Wasser oder eine verdünnte Elektrolytlösung mit einer kleinen Pipette oder Spritze (ohne Nadel), besonders wenn er dehydriert wirkt. Keine Milch, da Igel diese nicht vertragen.

Flüssigkeit sollte langsam verabreicht werden, um eine Verschluckungsgefahr zu vermeiden.

Nahrung

Wenn der Igel frisst, kann man ihm etwas Katzenfutter (kein Fisch), Rührei oder ungewürztes, gekochtes Hühnerfleisch anbieten. Jungigel und geschwächte Tiere brauchen weiche Nahrung. Vermeiden Sie Milchprodukte und süße oder gewürzte Lebensmittel, da Igel diese nicht vertragen.

Erste Versorgung von Wunden

Kleinere Wunden können vorsichtig mit warmem Wasser gereinigt werden, größere Verletzungen oder Infektionen sollten jedoch von einem Tierarzt oder einer Igelstation versorgt werden.

Hygiene beachten

Nach dem Kontakt mit dem Igel gründlich die Hände waschen, um das Risiko von Krankheitsübertragungen zu minimieren.

Kontaktaufnahme zu einer Igelstation oder einem Tierarzt

Für die weitere Versorgung sollte der Igel möglichst schnell zu einer Igelstation oder einem Tierarzt gebracht werden, die auf Wildtiere spezialisiert sind. Diese Experten können den Gesundheitszustand umfassender beurteilen und die richtige Behandlung durchführen.

Sichere Unterbringung

Während der Wartezeit auf eine Station sollte der Igel in einem ruhigen, warmen und dunklen Ort in einer stabilen Kiste untergebracht werden. Die Kiste sollte gut belüftet sein, aber engmaschig, damit der Igel nicht entkommen kann.

Diese Maßnahmen helfen dem Igel, erste Notlagen zu überstehen, bis er in professionellen Händen weiter versorgt werden kann.

15. Spannende Fakten über Igel

- Igel können bei der Nahrungssuche weite Strecken zurücklegen manchmal bis zu zwei Kilometer in einer Nacht!

- Igel sind sehr gute Schwimmer und Kletterer.

- Es gibt eine spezielle Art von Igel, den "Algerischen Igel", der sogar in Wüstengebieten lebt!

- Ob ein Stacheltier im (igelfreundlichen) Garten war, lässt sich an seinen Hinterlassenschaften feststellen. Der Kot eines gesunden Igels besteht aus dunkelbraunen bis schwarzen Würstchen, die etwa 3 bis 6 cm lang sein können.

- Igelbabys haben Milchzähne die nach 2-3 Monate ausfallen

- Igel haben ein erstaunliches Gedächtnis und kehren oft immer wieder zu denselben Futterquellen oder Schlafplätzen zurück. Sie können ihre Umgebung gut im Gedächtnis behalten und finden sich in einem bekannten Gebiet gut zurecht.

- Ein Stachel wird bei Verlust ersetzt (aber kein regelmäßiger Wechsel analog dem Haarwechsel anderer Tierarten)
- Neugeborene Igel haben bereits weiche, weiße Stacheln, die unter der Haut verborgen sind, um die Mutter bei der Geburt nicht zu verletzen. Die Stacheln kommen wenige Stunden nach der Geburt durch die Haut und härten innerhalb weniger Tage aus.
- Der Stachel des Igels ist modifiziertes Haar, im Innern hohl
- Die Stachellänge beträgt 2–3cm

- Die Beinlänge sind ca. 10–15cm (kürzer wirkend da meist in Beugestellung gehalten)
- Igel gehören zu den ältesten Säugetierarten der Welt. Fossile Funde zeigen, dass es igelähnliche Tiere schon seit über 15 Millionen Jahren gibt. Ihr Körperbau und Verhalten haben sich seitdem kaum verändert, was zeigt, wie gut sie an ihre Umwelt angepasst sind.

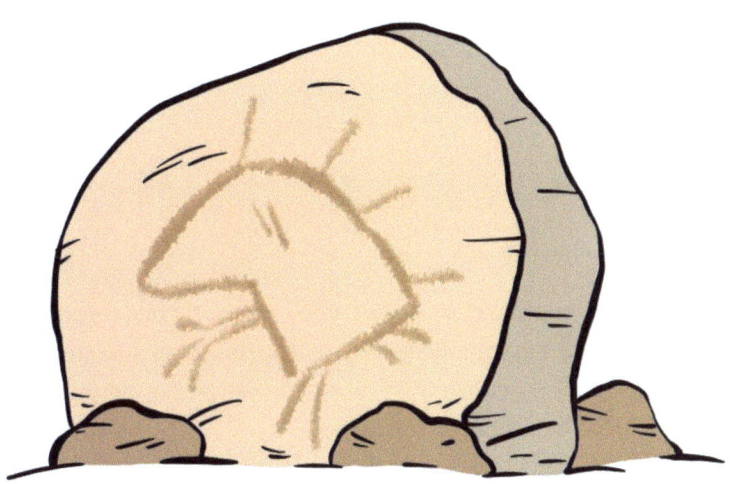

- Igel leben die meiste Zeit ihres Lebens allein und haben keine festen sozialen Strukturen. Sie treffen nur zur Paarung aufeinander und vermeiden ansonsten den Kontakt zu anderen Igeln.

Diese faszinierenden Fakten zeigen, wie einzigartig und anpassungsfähig Igel sind. Mit ihren erstaunlichen Eigenschaften meistern sie selbst die Herausforderungen der Wildnis – von cleveren Verteidigungsstrategien bis hin zu ihrem besonderen Verhalten.

Und damit komme ich zum Ende dieses Buches. Ich hoffe, es hat euch gefallen, und ihr konntet einiges über unsere stacheligen Freunde lernen und vielleicht sogar etwas für euren eigenen Garten mitnehmen. Denn eines ist sicher: Igel verdienen unseren Respekt und ein Zuhause, das sie sicher durch ihr aufregendes Leben begleitet.

Euer Sebastian